让孩子着迷的第一堂自然课
湿地动物
The Secret Life of Pond, Stream, and Marsh Animals

（英）伯纳德·斯通豪斯（Bernard Stonehouse）著
（英）约翰·弗朗西斯（John Francis）绘
雪棣 译

化学工业出版社
·北京·

The Secret Life of Pond, Stream, and Marsh Animals

Copyright © 2010 Firecrest Publishing Ltd.

The simplified Chinese translation rights arranged through Rightol Media

本书中文简体版权经由锐拓传媒取得Email:copyright@rightol.com

本版本仅限在中国内地（不包括中国台湾地区和香港、澳门特别行政区）销售，不得销往中国以外的其他地区。未经许可，不得以任何方式复制或抄袭本书的任何部分，违者必究。

北京市版权局著作权合同版权登记号01-2016-8350

图书在版编目（CIP）数据

让孩子着迷的第一堂自然课．湿地动物／（英）伯纳德·斯通豪斯（Bernard Stonehouse）著；（英）约翰·弗朗西斯（John Francis）绘；雪棣译．－－北京：化学工业出版社，2019.2

ISBN 978-7-122-33524-1

Ⅰ．①让… Ⅱ．①伯… ②约… ③雪… Ⅲ．①科学知识－青少年读物②动物－青少年读物 Ⅳ．① Z228.2 ② Q95-49

中国版本图书馆 CIP 数据核字（2018）第 294574 号

责任编辑：丁尚林　谢　娣　　　装帧设计：水长流文化
责任校对：杜杏然

出版发行：化学工业出版社（北京市东城区青年湖南街13号　邮政编码100011）
印　　装：天津图文方嘉印刷有限公司
787mm×1092mm　1/12　印张2½　字数40千字　2019年6月北京第1版第1次印刷

购书咨询：010-64518888　　　售后服务：010-64518899
网　　址：http://www.cip.com.cn
凡购买本书，如有缺损质量问题，本社销售中心负责调换。

定　价：22.80元　　　　　　　　　　　　　　　版权所有　违者必究

前 言

"让孩子着迷的第一堂自然课"是一套系列丛书,这套书讲的是生态环境里常见的哺乳动物和鸟类的日常生活。每本书重点介绍一个特定的生态环境,从我们自己家的后花园,到我们散步和开车经过的林地,再到我们休闲玩耍的海滨。野生动物画家约翰·弗朗西斯和环境科学家伯纳德·斯通豪斯博士的成功合作,为我们揭示了大自然的秘密,使得我们能够了解和欣赏这些非常有意思的动物——我们原本还以为自己已经熟知这些动物了呢,却发现实际上对它们相当无知。

在《湿地动物》这本书中,你会找到这些问题的答案:苍鹭是怎么捉鱼的?河乌怎么能稳稳地站在溪水的激流中?这本书还告诉我们池塘、溪流和沼泽里的动物的一些其他秘密:为什么䴙䴘(pì tī)在求偶时会跳舞?为什么潜水的龙虱(shī)会在它们的翅膀底下带着气泡?

目 录

池塘、溪流和沼泽简介	5
苍鹭	6
水獭	9
林蛙	10
绿头鸭	13
蜻蜓	14
三刺鱼	17
河乌	18
普通欧鳊	21
水鼩鼱（qú jīng）	22
水貂（diāo）	25
龙虱（shī）	26
凤头鸊鷉（pì tī）	29

池塘、溪流和沼泽简介

池塘、溪流和沼泽都是淡水区域。池塘和湖泊是被陆地围着的静止的水域。而溪流是流动的水，有时流入池塘，有时汇入河流，但永远都是往低处流的，最终都会流进大海。沼泽是一些靠近池塘、湖泊或溪流的湿地，踩上去很泥泞。特别是雨后，走在上面，脚下会沾满烂泥。

池塘、溪流和沼泽地区，都生长着很多种植物，动物们在这里居住、捕食和养育后代。

多水的环境需要依靠降雨来保持湿度。有些地区全年保持湿润，而有些地区则到了夏季干旱的时候就干透了，到了下大雨的时候又被大水淹没。有些地区在严寒的冬天会表面结冰，甚至整个都冻实了。这些变化给淡水动物的生活带来了困难，但是很多动物还是存活下来了，它们年复一年地用不同的方式适应着环境。

人类给环境带来了更多持久的变化。由于人类不断增长的对于食物和住房的需求，农民和建筑商们填平了池塘，给溪流改了道，抽干了沼泽。这些对于人类是有好处的，因为人类喜欢生活在陆地上。但对于青蛙、鸭子、水生甲虫、水獭等动物是坏事，因为它们只能在水里或潮湿泥泞的地方生存繁衍。我们现在逐渐认识到，如果我们想要保持周围生态环境里动植物的多样性的话，那么水域和湿地对于我们来说，跟田野和林地一样重要。

苍鹭

苍鹭是一种个子高高、腿长长的鸟。它的羽毛是深浅不一的蓝色和灰色，而嘴是灰黄色的。飞翔的时候，苍鹭舒缓地拍动着带有宽条纹的翅膀，两条腿伸得直直地拖在后面。落在地上的时候，苍鹭就会把翅膀收拢在身旁，这样有助于它在沼泽的寒风中保持温暖。

这只苍鹭在湖边的水里站了好一会儿了，它把脚趾在泥地里张开，这样能让它稳稳地笔直站着。它的腿又细又直，跟身旁的芦苇秆似的。它的长嘴像矛一样锋利，等待着鱼、甲虫或青蛙从身旁经过。

看，它抓到了一条鳗鱼。在几公里以外的巢里，它的配偶正坐卧在四个白色的蛋上孵蛋呢。这个巢是用白色鸟粪把一堆小木棍粘起来做的，在同一棵树上，还有十几个这样的巢。每个巢里都坐着这么一个沉默的守护神。过一会儿就轮到雌鸟去捕鱼了，此时雄鸟就需要坐进窝里的鸟蛋上，以使蛋保持温度。

1 苍鹭是欧洲最大的鸟类之一。它的飞翔姿态非常优雅，总是舒缓地拍动翅膀或是平稳地滑翔。飞翔的时候，脖子弯曲成S形状，两条腿伸直拖在后面。但它们落在树上的样子就有点笨拙——两腿张开着，用它们的利爪紧紧抓住树枝。

2 这只苍鹭看见了一条鱼，赶紧用嘴去捉。它啄鱼的时候，嘴微张着，嘴的锯齿状边缘紧紧地把鱼咬住，让鱼跑不掉。然后它仰起头、抬高嘴，松开咬着的鱼，把鱼转了一个方向——头前尾后，然后整个吞了下去。

3 早春的时候，雄苍鹭叼来很多细枝和小棍，交给雌苍鹭。雌苍鹭把这些材料在自己周围整理一下，堆积成参差不齐的一堆，就算是巢了。有时候，强风会把巢整个掀翻在地上，那样苍鹭就又得重新再做一个。它们自己排出的粪便可以使这些树棍粘牢在一起。

4 苍鹭一次下三到五个蛋。雄鸟和雌鸟轮流孵蛋，要孵大约24天。雏鸟刚孵出来时，全身都是湿漉漉的绒毛。绒毛干了以后，变得毛茸茸的，有助于保暖。苍鹭爸爸妈妈密切地关注照料它们，尤其在春天寒冷的天气里。

5 苍鹭的巢已经装不下四只长得半大的雏鸟了。到这个阶段，雏鸟就要离巢，伸着长腿高高地栖息在附近的树枝上，等待着爸爸妈妈嘴里叼着鱼或其他小动物来喂它们。

水獭

一只毛皮光滑油亮的棕色动物,干净利落地跳进水潭里,只溅起了一点微弱的水花,在水面上留下一圈涟漪。它们消失在水下大约半分钟,然后又从几米远的地方冒出头来。这就是水獭。它本来在岸上睡觉,突然受到惊扰,吓得跳进了水里。然后又回来看看到底发生了什么。

水獭跟獾(huān)、黄鼠狼和白鼬是近亲,它们是很机警很聪明的食肉动物,一生的大半时间生活在水里。

水獭披着一身红棕色的防水的毛皮,很宽的脑袋上长着又硬又密的胡须,它们永远在忙忙碌碌地巡视着水边。

水獭吃岸上的蚯蚓、甲虫和一些小的哺乳动物,也会潜进池塘或溪流去捉鱼。因为长期被人类捕猎,水獭变得非常警觉,所以你很少在野外看到它们。如果你碰巧见到一只,一定会吃惊于它的毛皮是多么光滑,它游泳和潜水的姿态是多么轻松自如。

1. 这只公水獭在池塘的水底捉到了一条鳗鱼,正在把它拖到岸边来当晚餐。

2. 水獭在冬季也跟在夏季一样忙碌。这只水獭打破了池塘的冰面,潜到冰下的水里去捉鱼。它最多能在水下待一分多钟,然后就得上来呼吸空气。

3. 这只年老的母水獭正在靠近岸边的水里绕着小圈游泳,为的是制造出一股水流,可以把藏在下面的鱼给吸出来。它是怎么学会这个窍门的呢?谁也不知道。不过水獭时常这么做,而且看起来效果不错。

4. 水獭在岸上似乎也永远是忙忙碌碌的。它们不是在平地上或走或跑,就是从湿的草坡泥坡上往下滑。这三只水獭幼崽发现了一个很好的"滑梯",正在一次又一次地滑着玩。

5. 水獭从早春开始交配。两个月后,水獭妈妈在离水很近的地方打地洞做窝,生下两到三只小水獭。这几只在夏末出生的小水獭,差不多三个月大了,它们的妈妈正在哄骗它们下水来,体验平生第一次游泳的感觉。

林蛙

　　林蛙已经不像过去那么常见了，但是在各地比较干净的池塘、溪流和沼泽地里，还是能见到这种棕绿色的青蛙。它们减少的原因，是因为适合它们生活的淡水水域减少了。很多池塘被填了，很多沼泽地被抽干了，很多过去很干净的水域，现在被各种各样的有毒物质给污染了。不过，春天的时候，你还是能够听到林蛙在求偶过程中的鸣叫，见到林蛙产下的一串串、一团团的卵。这些卵很快就会变成蝌蚪。

　　图中的雌林蛙正在产卵，而雄林蛙正在使卵受精。几天后，卵就会发育成为蝌蚪。这些蝌蚪挣脱了周围残存的卵胶，摇着尾巴游走了。

　　很多动物捕食林蛙。比如生活在水里的狗鱼、鸭子和苍鹭，生活在陆地上的蛇、刺猬和狐狸，等等。

1. 林蛙跟普通蟾蜍在个头大小、外形和生活方式等方面都差不多，而且一样住在潮湿的地方。但是它们很好区分：林蛙的皮肤是光滑闪亮的；而蟾蜍的皮肤很粗糙，上面还有很多疙瘩。林蛙后腿很长，擅长跳跃；而蟾蜍后腿要短得多，喜欢走或爬。

2. 林蛙大部分时间生活在水里。它们游得很快，长长的后腿划水非常有力，脚上长着蹼。林蛙经常浮在靠近水面的地方，只露出眼睛和鼻子。如果捕食者来了，它们就飞快地潜入芦苇丛中。

3. 在陆地上，林蛙有时也会爬行，但更多时候喜欢跳着经过高低不平的地面或是高高的草丛。在别的动物要捕食它们的时候，它们会出其不意地猛跳，跳跃的距离常常是它们身长的好几倍。如果你捉到一只林蛙，一定要温柔地对待它，然后马上把它放了。

4. 林蛙吃蛞蝓（kuò yú）、甲虫、毛毛虫、木虱（shī）、甲壳类动物等落入它们视线的小动物。林蛙用它们巨大的有黏液的舌头把猎物粘住，然后一口一口地吞下去。当食物滑下食道的时候，眼球后部会帮助它们把食物送下去。

5. 蝌蚪需要用两到三周的时间来发育出前肢和后腿，然后尾巴渐渐消失掉，就变成小林蛙了。众多的捕食者使得池塘里的小动物处于非常危险的境地。每年产下的几百万的蛙卵里，只有很少一部分能变成蝌蚪，这些蝌蚪里能活下来长成成年林蛙的就更少了。

绿头鸭

绿头鸭是最常见的一种鸭子。它们自由地生活在野外，但是也经常出现在城镇公园的湖上和花园里。绿头鸭既可以在天空飞翔，也可以在陆地上走和跑，还能在水里用它们带蹼的脚当桨来游泳。但是，它们跟叫做"潜鸭"的那一类鸭子不同，潜鸭能一口气潜到水下游上好几分钟，而绿头鸭一般只能在水面觅食，要是它们扎到水底去，那水的深度一定不能深过它们的身长。所以它们最常见于很浅的池塘、溪流、湖边。

冬天的时候，数十只绿头鸭会一起生活在一个小池塘上。到了春天和夏天，同样的池塘上只能生活两到三对绿头鸭。就是这两三对，它们也会彼此拉开距离，并且守卫着自己的地盘，阻止所有的入侵者。

1 像很多其他种类的鸭子一样，公绿头鸭色彩更加鲜艳一些，也更引人注目。春秋的时候，公绿头鸭的头是鲜绿色的，前胸和后背是棕色的，浅黄褐色的翅膀上面还有蓝色和白色的色块。夏天换毛的时候，它们褪掉大部分颜色，更接近母绿头鸭的样子。

2 绿头鸭飞翔能力较强。一群绿头鸭经常排列成V字形状飞行，叫做"雁阵"。生活在温带的绿头鸭很多只在当地飞行。但是那些住在寒冷地区的，则每年都要飞行数百公里，来回往返于春夏两季的住处与更暖和的冬天住处之间。

3 绿头鸭用浮水的方式觅食，也就是头朝下浮在很浅的池塘和溪流水面上，然后用嘴尽力往下去够水里的食物。鸭嘴外面的皮肤触觉很敏锐，有助于它们在泥里和芦苇中找到蠕虫、蜗牛和甲壳类动物。

4 绿头鸭在早春的时候开始成双成对，然后在春天食物充足的时候筑巢。一对鸭子合作搭起一个很像样的窝，用羽绒衬垫在窝里面。在比较干燥的地方，绿头鸭会把巢做在地面上；在容易被水淹没的地方，则做在树上。雌鸭一次生十几个蓝绿色的鸭蛋，它独自孵蛋，要孵三到四周。

5 刚刚孵化出来的小鸭子毛茸茸的，它们立刻就能离巢，跟着父母走到最近的水边去。在父母的陪伴下，它们用五六周的时间戏水、学习自己找食。很多小鸭子就在这个阶段被鳗鱼、狗鱼和其他食肉鱼类捕食。

蜻蜓

这些体型纤细的飞虫，长着两对翅膀和一双巨大的复眼。它们像微型的直升机一样，盘旋在淡水池塘和溪流上方。帝王伟蜓是欧洲体型最大的蜻蜓之一，但是，它们的身长只有一些热带蜻蜓的一半。它们长着蓝绿色的身体和闪亮的浅黄褐色翅膀，是一种非常美丽的昆虫。

蜻蜓的生命周期非常奇特。你看看这只从水上飞过的色彩鲜艳的蜻蜓，它自己大概前几天刚刚从水中爬出来，很可能再过几天就会死去，但这只是它整个生命周期的一小部分。它一开始是像甲虫一样的蜻蜓幼虫，在出水之前，已经在水底生活了一两年，甚至更长时间。它作为会飞的成虫的时间很短，在这期间，它离开原生的池塘，在飞行中捕食其他昆虫、交配、留下后代来继续生命的循环。

1 整个夏天里，你都会看到蜻蜓像这样边飞行边交配。雄蜻蜓用它尾巴末端上的一对像螃蟹钳子一样的爪子，抱握住雌蜻蜓的颈部，两只蜻蜓一前一后地串连飞行。雌蜻蜓用雄蜻蜓腹部下面携带的精子给卵子授精。

4 蜻蜓的稚虫水虿，吃一些其他的小动物，比如小鱼、蝌蚪，和其他昆虫，包括一些比它自己还大的昆虫。在接近猎物的时候，水虿突然伸出尾端带夹子的下颚，把猎物紧紧抓住，拖进嘴里吃掉。

2 蜻蜓在淡水域的附近或水里产卵。这只雌帝王伟蜓正在芦苇丛中"蜻蜓点水"，每过几分钟就落在芦苇上，在芦苇秆或叶子里产一个卵。当卵孵化了以后，幼虫会掉进水里，在水下的泥里度过它们生命的最初几个月。

3 蜻蜓的卵孵化以后，成为一种很小的、不会飞的幼虫，叫"水虿（chài）"。水虿生活在池塘底部的泥上，在最初的两三年里，它生长得非常缓慢。在此期间，它在水底的植物或泥里爬来爬去，不停地寻找食物。

5 水虿生长得十分缓慢，不断地积存食物，不断一次又一次地蜕皮。在水下生活两年，甚至更长时间后，成熟的水虿沿着水生植物的秆爬到水面上的空气中。在那里它们做最后一次破茧羽化，变为成虫，最终展开闪着光泽的新翅膀飞到了空中。

三刺鱼

刺鱼是一种很小的鱼,背上长着尖尖的骨质棘刺。这些鳍棘,是从长长的背鳍发展而来的,有助于保护刺鱼,使它们不被其他鱼类吃掉。不同种类的刺鱼有不同数目的棘刺。有的有10根,有的15根,有的则只有3—5根。

图中这种刺鱼,生长在溪流和江河里。它有三根背部鳍棘,还有长长的、带有尖锐棘刺的腹鳍。它们主要生活在浅水中。在某些年份,它们的数量非常多;而有的年份则很难见到。它们吃昆虫的幼虫、甲壳类动物、蜗牛和其他一些小动物。而它们自己,尽管有刺,还是会被一些更大的鱼,以及鸬鹚(lú cí)和翠鸟等食肉鸟类吃掉。

三刺鱼可以在鱼缸里生活得很好,所以科学家们能研究它们求偶和繁殖行为的细节。他们发现,颜色鲜艳的雄三刺鱼负责造窝,并且照顾鱼卵和小鱼。

1. 没到繁殖季节的时候,雄鱼和雌鱼都是很单调的棕绿色,跟它们生活的池塘或溪流里泥和水草的颜色一致。早春的时候,雄鱼的喉部和腹部都渐渐变成红色。与此同时,它们面对其他雄鱼的时候,开始变得非常好斗,于是彼此之间拉开距离,各占一小片领地。

2. 在自己领地的一个隐蔽的角落里,雄鱼从肾脏里分泌出一种黏液,把一团草秆草丝粘在一起,造了一个小小的地洞形状的窝。它小心地守卫着这个窝,赶走别的胸脯变红的雄鱼,但是用一种特殊的舞蹈动作,把过往的雌鱼吸引到窝里去。

3. 雄鱼很少注意到苗条的雌鱼,但是特别关注那些长着胖肚子的雌鱼——那意味着雌鱼怀孕了。看到这样的雌鱼,雄鱼先是"之"字形地游着接近它,然后朝着巢的方向游去,就仿佛在告诉雌鱼巢在哪里,并且邀请它进去。

4. 如果雌鱼已经准备好产卵了,它就会游进巢里,生几百个非常小的鱼卵。雄鱼跟在后面,给鱼卵授精。这样鱼卵就可以开始发育了。雌鱼离开后,雄鱼再去吸引别的雌鱼,到这堆鱼卵上面产更多的鱼卵。

5. 雄鱼守卫着鱼卵,它扇动着鱼鳍和鱼尾,把水流送进巢里,给鱼卵提供充足的氧气。小鱼在一到两周之内就会孵化出来。然后雄鱼继续守卫这些小鱼一星期或更长时间,直到它们长大到可以自己游走了。

河乌

白喉河乌是一种红棕色的小鸟，长着特别显眼的白色胸脯和前脖子。常见于清水湍流的溪水岸边。你有时看到它们在溪水里像鸭子一样上下漂浮；更令人吃惊的是看到它们突然消失在水下，几秒钟后又从上游什么地方冒出来。

白喉河乌会沿着河床行走，在石头和沙砾中搜寻食物。在欧洲各种鸟类里，只有白喉河乌会这么做。它们主要居住在山区，因为那里的溪流清澈干净。每一对白喉河乌占据一段溪流，它们在那里上下巡视，研究哪里的水流中可以觅食。虽然白喉河乌也会在冰下寻找食物，但它们在冬天的时候，还是愿意迁移到温暖一些的低地去，到湖泊和池塘边缘的静水里去找食。

1 河乌的英文名字叫dipper，就是行礼者的意思。这名字来源于这种鸟很特别的点头行礼的动作——它们站在树枝或岩石上，面对着一条溪水，不停地上下点头，就好像一直在鞠躬致意或是行屈膝礼。这种动作大概能使它们从不同的角度观察溪水，更容易发现水底的猎物。

2 河乌是如何避免被水流冲走的呢？它在水里的时候，总是面对着水流方向蹲伏着，因为它的身体是倾斜的，水流会把它向下压，就会把它稳定住。河乌在水里一边往前慢爬或是小跑，一边在河床的砾石堆里啄食。

3 在河乌生活的比较暖和的地区，它们会整年待在河岸上自己的领地里。冬天或早春的时候，如果河面上结了冰，河乌也仍然能够觅食。它们能从一个冰窟窿里潜水下去，再从另一个钻上来。它们主要的食物是水甲虫、昆虫幼虫和小鱼。

4 河乌跟鹪鹩（jiāo liáo）是近亲，它们体型浑圆、小巧结实，尾巴短而硬，翅膀较短。它们的羽毛在水下也能保持干燥。结实的脚和爪子使得它们能紧紧抓住卵石、岩石或是河床。它们潜入水中的时候，鼻孔会被一片像门帘一样的皮膜部分遮盖住。

5 在河岸上一个有遮挡的地方，河乌会用草和青苔编织一个精巧的、圆屋顶形状的巢，里面衬垫着柔软的叶子。雌河乌一次生四到五个白色的蛋，孵蛋要孵两个多星期。幼鸟孵出后，鸟爸爸妈妈一起喂养它们三到四周。

普通欧螈

欧螈是蝾螈的一种，蝾螈是青蛙和蟾蜍的近亲，它属于脊椎动物里的一个分类，叫做"两栖动物"，意思是它们在岸上和水里都能生活。但是，它们不能远离水，因为它们的皮肤需要保持湿润。它们繁殖的时候也需要水。它们把卵产在水里，幼蝾螈刚孵化出来时，是没有腿的小蝌蚪，不能在陆地上生存，需要在水里生活几个月。沼泽、池塘和溪流才是适合它们的生活环境。

虽然成年蝾螈也会时常到岸边的湿草里找食，但蝾螈大部分时间还是待在水里。它们在池塘的水草间飞跃和潜水，或是藏起来躲避鱼和鸟这些天敌。它们的皮肤中有一种毒素，可以保护它们，让一些动物不会捕食它们。它们在岸上或水里捕食小昆虫、甲壳类动物和蜗牛。

1　雌欧螈的皮肤是棕绿色的，上面有深色的斑点，腹部颜色较浅。雄欧螈在脖子前面和胸前有一层淡淡的橙色或珊瑚红色，上面有非常显眼的黑点。在春天和初夏时，它们的背上会长出一排波浪状的隆起，这是它们进入繁殖状态的标志。

3　相对于它们的个头来说，欧螈有一张巨大无比的嘴，而且可以张得很大，能咬住非常滑溜的猎物，并把它们嚼碎。它们的下颌的边缘上长着一排细小的、针一样的牙齿，更多的牙齿长在上颌上。无论是蠕虫、蛞蝓，还是小鱼，一旦被欧螈捉住，逃生的机会微乎其微。

4　欧螈在春天繁殖。在求偶过程中，雄欧螈用尾巴兴奋地搅着水，排出一个精包，也就是一团含有精子的胶状物。雌欧螈把精子纳入体内，产下200多个被胶状物包裹着的卵，然后把它们分开黏附在水草的茎和枝上。

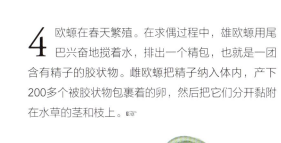

2　冬天时很难找到食物。秋天的时候，大多数欧螈会离开水，到岸上找寻一处安全、潮湿的角落去冬眠，一觉睡上几个月。有的欧螈在河岸的洞里或树根间冬眠。图中这只欧螈正安全地睡在一根木头下面的地洞里。

5　欧螈的卵需要两到三个星期来发育，然后孵化成为蝌蚪状的幼欧螈，在水草间自由地游来游去。欧螈蝌蚪吃叶子和石头表面上大量生长的水藻。到夏末的时候，它们的腿变长、长大，就发育成为小欧螈了。

水鼩鼱（qú jīng）

水鼩鼱跟它们的近亲陆地鼩鼱很像，也长着尖鼻子、小耳朵、小眼睛，是像老鼠一样的小型哺乳动物。水鼩鼱大部分时间是在岸上活动，但是它们水性很好，在池塘、溪水和河流里都能很好地游泳和潜水。

水鼩鼱白天活动，经常在靠近岸边的地方游泳。你可能会把它们跟水田鼠弄混，不过水鼩鼱有个明显的特征是它长着尖尖的长嘴。

水鼩鼱比陆地上的鼩鼱体型大，不过也同样不常见，因为它们常在离水边几米远的地方，在草丛形成的通道里跑来跑去。它们发出的一种高频的尖叫声，年轻人可能能够听到，但大多数年龄大的人都察觉不到。

水鼩鼱整个春天夏天都在繁殖。赶得特别巧的时候，能看到一只大水鼩鼱领着一窝五到六只幼崽到水边去。别去碰它们，它们咬起人来可凶了。

1 水鼩鼱的皮毛非常浓密，在干燥的时候是棕灰色的，在水里却呈现出银色，那是它身上的毛之间聚集的微小气泡造成的。水鼩鼱在水里时，只有毛的末梢会变湿，接近身体底层的毛能一直保持干燥，这使得水鼩鼱即使在冰冷的水中也能保持温暖。

2 为了保持温暖和干燥，水鼩鼱需要好好保养它们的皮毛。在捕猎的间隙，水鼩鼱会从水里钻出来，用牙齿当梳子，用长满了毛的脚当刷子，仔细地梳理它们的毛皮。每天都要梳理上好几次。

3 水鼩鼱靠手脚和尾巴游泳。它们的手指和脚趾边缘上长满了粗硬的鬃毛一样的毛，这些毛跟划桨一样非常有用。尾巴是扁平的，边缘上也长满了硬毛，增加了尾巴的表面积。尾巴上的硬毛从一边摇摆到另一边，帮着推动水鼩鼱在水里一路往前。

4 水鼩鼱永远处于饥饿状态，它们主要吃昆虫，包括在池塘或溪流的水底或水面找到的各种形态的昆虫幼虫。它们也在水里捕食蠕虫、蜗牛、蝌蚪和鱼，在岸上抓蚯蚓、蜗牛和蚯蚓吃。

5 水鼩鼱从三月或四月开始繁殖。在池塘或溪流岸上的一个地洞里，水鼩鼱妈妈每次生下一窝五到八只幼崽。幼崽吃母乳要吃一个月。然后再在妈妈身边待上两到三周，学习在岸上和水中捕猎。

水貂（diāo）

水貂的体态细长，富有曲线，长着锐利的眼睛和浓密的大尾巴。它们是捕猎的食肉动物，跟白鼬、水獭和獾是近亲。跟水獭一样，水貂在水里和水边最为自在。

欧洲水貂广泛分布在欧洲和西亚，人类的捕猎减少了它们的数量，并且使它们分散到各地；人们把它们的近亲北美洲水貂引进欧洲，又取代了它们中的一部分。美洲水貂的毛皮更细密，颜色更深。美洲水貂当初是作为笼养的毛皮动物引进欧洲的，但后来有些逃跑到了野外，繁殖起来。

你在英国见到的水貂很可能最初来自美洲，而在西欧见到的则可能是欧洲水貂或美洲水貂中的一种。但你需要很凑巧才能见到一只水貂。人类对它们的捕猎使它们非常警觉，而且它们只在夜间活动。

水貂在岸上捕猎鸟类，特别是在地上筑巢的水鸟，还捕猎小型哺乳动物，比如老鼠或是水田鼠。在水里它们捕捉小龙虾、昆虫和鱼。水貂特别爱吃鲑鱼和肥美的鳟鱼，这使得它们极其不受渔夫和养鱼人的欢迎。

1 雄水貂通常比雌水貂大。它们都很纤细灵活，能够很容易地从浓密的灌木丛里滑过，篱笆和墙也挡不住它们。过去曾经有数以百万计的水貂被陷阱捕杀，目的是为了获取它们光亮浓密的皮毛；现在每天仍然有数百只水貂被杀掉，是为了保护别的鸟类和哺乳动物不被它捕食。

2 跟水獭一样，水貂本是陆地生活的动物，后来逐渐适应了水环境，它们大部分时间仍然在陆地上生活，但是在水里游得非常快速灵活。它们的皮毛很浓密，足以防水。它们的足趾是部分带蹼的，所以在水里起到跟桨一样的作用。

3 几乎所有的哺乳动物掉到水里的时候都自然地会游泳，至少足以安全地游到岸边。而水貂跟水獭一样，把这种天然的游泳本领发展到更高的水平，它们很小的时候就接触水，学会了潜水、追踪猎物、沿着河床捕猎，还能翻搅起泥来寻找食物。

4 雌水貂有自己整年生活的地盘，而雄水貂则到处游逛。它们从早春开始交配，夏天的时候雌水貂就会在岸边的地洞里生下一窝四到六只幼崽。水貂妈妈一直陪宝宝到秋天，然后幼水貂们就离家各奔东西了。

5 水貂没有多少天敌。当食物充足的时候，它们的数量会迅速增长。引进英国和欧洲大陆的外来水貂，破坏了大批的当地鱼类、甲壳类、鸟类和哺乳类动物，人类只好用下夹子诱捕、用毒气熏和下毒等方法对它们进行捕猎和消灭。

龙虱（shī）

世界上有数千种不同种类的甲虫，其中包括几百种生活在水里或是能潜进水里的甲虫。这种甲虫的学名叫做龙虱，它是最大的水生甲虫之一，常见于湖泊、池塘和溪流之中。

龙虱的身体呈现优美的流线型，颜色棕黑发黄。第一眼看上去，像是陆生甲虫。但是龙虱的身体太重，而腿太无力，难以支撑身体，所以它们在陆地上生存不了多久。它在清澈的或是有一点浑浊的水里非常自在。它们在岩石和水草之间闪转腾挪，在水底爬行，箭一样从水中游过去捕捉猎物。龙虱是活跃的凶猛的捕猎动物，它吃昆虫、鱼、小青蛙和其他动物。完全长成的龙虱幼虫，叫做"水蜈蚣"，比成虫还要大一些，而且更加凶猛。

1 雄龙虱和雌龙虱身体形状相似，但雄龙虱的体型要稍微大一些，而且颜色更深更均匀。雌雄龙虱的身体背板周围，都围着一圈整齐的黄色边缘，但是雌龙虱除此以外，在鞘翅上面还有黄色突起或条纹。

2 龙虱用全部六条腿在石头、水草和芦苇之间爬行。游泳的时候，它们的前腿负责控制方向，像桨一样的后腿则有力地划动着，推动身体前进。捕猎的时候，它们用前腿和强有力的下颚一起紧紧抓住猎物。

3 潜水的甲虫跟陆地上的甲虫一样，需要呼吸空气。它们可以在水底一动不动地趴上几个小时，但在一次次的捕猎过程当中，它们每过几分钟就要升到水面上来，把空气吸进鞘翅下面的一个囊中，供潜游的时候呼吸用。

4 龙虱捕猎主要依靠视觉。位于头两侧的大眼睛即使在非常微弱的光线里也能察觉运动的东西。一旦有动静，它们就会从藏身的地方飞快地游出来，用前腿捉住猎物，制服它，然后用有力的下颚紧紧咬住猎物，把它撕开。

5 潜水的龙虱把卵一个一个地产在水生植物的茎上。这些卵会孵化成小小的幼虫。然后幼虫在池塘或溪流的底部，需要用一年或更多的时间，才能长到成虫大小。龙虱幼虫进食的时候，是用这对尖锐的、中空的螯，把消化液注入猎物体内，然后吸食掉猎物。

凤头䴙䴘（pì tī）

池塘和湖泊吸引了大量形形色色的水鸟。湖越大，它引来的水鸟的种类就越多。凤头䴙䴘喜欢比较大的湖泊或是河口。它们需要很大的空间，不仅是为了起飞和降落，也为了能有一个宽阔的浅水区域可供它们觅食。

凤头䴙䴘是身体很庞大的红棕色鸟，脖子前面和胸脯是灰白色的。它们会潜入水中游泳。它们那像蛇一样的脖子和带凤头羽冠的脑袋，使它们的外形轮廓很独特。凤头䴙䴘的嘴很长，它们的羽冠由两绺犄角一样的羽毛，加上脖子上一圈羽毛流苏构成，求偶的时候，它们的羽冠会竖立起来。

凤头䴙䴘通常到海边过冬，早春的时候又回到它们在湖边的繁殖地区。整个暮春、夏季和秋季，它们很少飞翔，几乎所有时间都在近岸的地方游泳、潜水和抚育后代。

1 凤头䴙䴘不仅会飞，还会潜水，而且像其他会潜水的鸟类一样，翅膀相对短小。这意味着它们要想飞起来，需要一个比较长的起飞距离。所以它们无法生活在小池塘或小溪上，只能生活在空间足够大的地方，比如大的池塘、湖泊和宽阔的河面。

2 在水下，凤头䴙䴘把翅膀收拢，贴近身体，用一对大脚把自己往前推进。它们每个脚趾上的蹼是分开长的。它们那长长的脖子和嘴像乱飞的箭一样左右出击，捕捉昆虫、甲壳类动物、鱼、蝾螈和青蛙。它们可以一次在水下潜泳二到三分钟。

3 每对凤头䴙䴘明确宣布它们拥有某一片近岸的水域。它们在这片水域里不停地巡视着，赶走入侵者。在求偶的时候，雌雄双方都先噙上满满的一嘴水草，然后朝着对方游过去，最后到面对面的时候，它们摇着头、立起羽冠，身子出水、直立在水面上。

4 凤头䴙䴘的巢是用芦苇秆和水草搭建的一个平台，要么比较稳定地漂浮在水里，要么搁浅在岸边，但全都很好地隐藏在芦苇丛中。雌鸟和雄鸟一起建巢，轮流孵蛋。一窝蛋有六到十个，是浅蓝色的。如果雌雄双方都需要离开巢的时候，它们会用水草把蛋盖好藏起来。

5 凤头䴙䴘的雏鸟需要大约四周的时间孵化出来。它们披着非常显眼的黄黑色的绒毛，几乎孵出来立刻就能离巢，走到水边去。它们有一周或更长时间骑在父母的背上，学习游泳和潜水。再过两到三个月它们就能独立，准备好自己飞走了。

连连看

本册书中出现过的动物，你都认识了吗？试着根据它们的画像，给它们连上对应的名字吧！

动物画像	动物名称
	水獭
	河乌
	水貂
	林蛙
	普通欧螈
	龙虱
	凤头䴙䴘
	水鮈鯖
	蜻蜓
	三刺鱼
	绿头鸭
	苍鹭